nada

Bibliografische Information der Deutschen Nationalbibliothek:
Die Deutsche Nationalbibliothek verzeichnet diese Publikation in
der Deutschen Nationalbibliografie. Detaillierte bibliografische
Daten sind im Internet über http://dnb.d-nb.de abrufbar.

Copyright © 2016 **nada** Verlag, CH-8712 Stäfa
Alle Rechte dieser Ausgabe vorbehalten, einschließlich des Rechts
der teilweisen oder vollständigen Wiedergabe in jeder Form.
Herstellung: Books on Demand GmbH, Norderstedt
Printed in Germany

ISBN 978-3-907091-08-1

Manfred Kyber

Der Königsgaukler

Ein indisches Märchen

nada

Vorwort der Herausgeberin

Den Königsgaukler von Manfred Kyber kenne ich seit vielen Jahrzehnten und habe ihn ebenso oft wieder gelesen wie weitergegeben. Jedes Mal, wenn Freunde sich gerade in einer schwierigen Lebenslage befanden und traurig waren oder meinten, nicht mehr weiterzuwissen, habe ich ihnen mein Exemplar geschenkt, in der Hoffnung, es möge ihnen ebenso viel Trost und Zuversicht spenden wie es mir bei ähnlichen Gemütszuständen jeweils gebracht hat. Für mich habe ich dann immer sofort ein neues Büchlein gekauft – und bald schon wieder verschenken „müssen".

Gab es früher einmal eine schöne gebundene Ausgabe, so finde ich seit Jahren keine mehr, die mir gefällt und die ich gerne verschenke. Das ist der Hauptgrund, warum ich mich entschlossen habe, den Königsgaukler selber herauszugeben: Dieses Juwel der spirituellen Literatur soll liebevoll gestaltet sein und sich edel präsentieren.
Selbstverständlich halte ich mich getreu an Kybers Originaltext aus dem Jahr 1921, mit einer grundlegenden Änderung: Ich verwende die neue deutsche Rechtschreibung. Man mag geteilter Meinung darüber sein, ob man neu aufgelegte alte Werke anpassen soll oder nicht. Ich persönlich finde es jedoch nicht förderlich für die Pflege unserer Sprache, wenn in

Büchern, die *nach* der Rechtschreibereform veröffentlicht werden, die Orthografie und die Zeichensetzung nicht korrekt sind. Es ist ja verwirrend genug, dass wir unterschiedlichen Schreibweisen begegnen, weil sich noch unzählige ältere Bücher auf dem Mark und in unserem Besitz befinden; bei neu erschienenen Werken sollten wir uns darauf verlassen dürfen, dass sie der derzeit gültigen Rechtschreibung folgen.

Der Königsgaukler ist eines der vier Bücher, die ich auf eine einsame Insel mitnehmen würde, wäre ich für den Rest des Lebens dorthin verbannt. Jetzt wollt ihr, liebe Leserinnen und Leser, wahrscheinlich wissen, welche die anderen drei sind? Die „Bhagavad Gita", ein fast zwei Jahrtausende alter spiritueller Text aus Indien, „Essays on the Gita" von Sri Aurobindo, dem großen indischen Philosophen und Mystiker, und „Der kleine Prinz" von Antoine de Saint-Exupéry. Auch diese Bücher habe ich, wie den Königsgaukler, schon unzählige Male gelesen. Natürlich würde ich viele andere Werke nur ungerne zurücklassen, aber mit diesen vier könnte ich meine Seele und mein Gemüt ausreichend nähren. Bis an mein Lebensende. Alle sind sie nämlich zeitlos – ich bin versucht zu sagen: ewig – in ihrer Weisheit und ihrer Eigenschaft, das Herz zu erwärmen und zutiefst zu berühren.

Hat der Königsgaukler euch Freude bereitet, so stellt dieses Büchlein an einen Ehrenplatz in eurem Regal und lest wieder darin, wann immer euch danach zumute ist. Und macht es wie ich: Schenkt es euren Freunden in frohen und schweren Lebenslagen, damit sie darin ebenfalls Glück, Trost, Mut und Zuversicht finden.

Für euren Lebensweg wünsche ich euch viele bunte Lichter und leicht zu entwirrende Fäden!

November 2016   Karin Jundt

Der Königsgaukler

Ein indisches Märchen

Die Geburt Mantaos in der Lotosblume

Ich will euch erzählen die Geschichte von Mantao, dem Königsgaukler, und ich will erzählen, wie er in einer Lotosblume geboren wurde, als die Nacht ihren Sternenteppich breitete über das heilige Land von Indien. Viele, viele tausend Jahre ist es her, und wenn ich euch das sage, so wird es euch erscheinen, als seien viele, viele tausend Jahre eine lange Zeit. Aber das müsst ihr nicht denken. Viele, viele tausend Jahre ist eine ganz kurze Spanne Zeit, es ist eigentlich gar keine Zeit – viele, viele tausend Jahre, das ist so, als sei es eben erst geschehen, dass Mantao, der Königsgaukler, in einer Lotosblume geboren wurde. Ihr müsst euch nur denken, ihr säßet selber in einer Lotosblume darin, ihre feingliedrigen kühlen Blütenarme hüllten euch ein und in ihren weit geöffneten Kelch schauten die Sterne. Der Kelch der Lotosblume ist ein Wunderkelch, vergesst das nicht – und nun beginnt sich der Wunderkelch zu drehen und ihr seid darin. Erst dreht er sich langsam, dann schneller und immer schneller – es ist, als ob die Sterne um euch kreisen und bunte Bilder in endloser Reihe an euch vorüberziehen, Bilder vom Leben der Geister, Menschen und Tiere, vom Wachstum der Pflanzen und Funkeln der Edelsteine, endlose Leben, seltsam ineinander verschlungen und mit seinen Fäden mit euch verbunden, als gehörten sie zu euch, und doch wieder von euch getrennt, denn ihr schaukelt euch ja im Schoß der Lotosblume und schaut darauf mit Augen, die zeitlos geworden sind. Seht ihr, so müsst ihr denken – was sind dann viele, viele tausend Jahre? Vergangenheit, Gegenwart und Zukunft gehen leise und unmerklich in eines über und es ist euch, als wäre es erst heute geschehen, dass Mantao, der Königsgaukler, in einer Lotosblume geboren wurde.

Denkt euch, es wäre heute. Die Nacht breitete ihren Sternenteppich aus über Indiens heiliges Land und auf dem Teppich der Sterne stieg langsam und feierlich ein Engel auf die Erde nieder und dieser Engel trug Mantaos kleine Seele in den Armen, um sie behutsam und liebreich in den Kelch der Lotosblume zu legen. Wenn ich sage, dass er Mantaos kleine Seele trug, so müsst ihr das nicht so verstehen, als wenn Mantao eine kleine Seele gehabt habe, arm an Tiefe des Gefühls und schwach an geistigen Kräften. Mantaos, des Königsgauklers, Seele war groß und stark und reich und wenn sie oben über den Sternen ihre Schwingen regte, dann klang es, als wenn Glocken läuteten in Frieden und Feierabend. Aber es war doch nur eine Menschenseele – und seht ihr, wenn der Engel, den jede Menschenseele zum Hüter hat, seine anvertraute Menschenseele aus der Welt über den Sternen hinabträgt auf diese Welt, dann wird die Menschenseele schwach und müde, wie ein kleines Kind, denn es ist ein weiter Weg und es dauert lange, bis sich die Menschenseele an die Erde gewöhnt und an den fremden Boden, der mehr Dornen als Rosen trägt. Ihr alle kennt das, denn ihr alle seid geboren auf dieser Erde und euer Engel hat euch auf dem Sternenteppich hinabgetragen, wenn ihr es auch vergessen habt. Aber ihr werdet euch gewiss erinnern, wenn ich es euch wieder beschreibe. Es ist, als wäre man sehr schwer geworden, als habe man Flügel gehabt, klingende tragende Schwingen – und diese seien einem genommen worden, sodass man nicht weiß, wie man sich bewegen soll. Es ist, als sei die Luft dick und trübe geworden und man könne nicht mehr gut sehen und hören, man müsse das alles noch einmal ganz von Neuem lernen – man müsse von Neuem atmen und leben lernen, aber langsamer, schwerer und schleppender. Es ist wie ein dickes Kleid, das man angezogen hat, die geschmeidigen Glieder sind wie in Watte gewickelt und man ist müde, müde und benommen. Die Lotosblume aber dreht sich, dreht sich immer schneller und schneller, sodass man ganz schwindlig wird – und viele feine Fäden spinnen sich vom Kelch der Blume zu dem Boden hinüber, auf dem wir nun leben sollen und der mehr Dornen als Rosen trägt. Die Fäden halten immer fester und fester und man fühlt nun deutlich, dass man sie alle erst wird lösen müssen in einer langen, mühseligen Arbeit, ehe man wieder aufsteigen darf zu den lichten Fernen, aus denen man gekommen, zu der Welt über den Sternen. Nicht wahr, ihr erinnert euch jetzt und werdet nun auch verstehen, warum Mantaos Seele so klein war, dass es aussah, als trüge der Engel ein kleines Kind auf den Armen.

Leise und behutsam legte der Engel Mantaos Seele in den Kelch der Lotosblume. Er sah ernst und traurig dabei aus, denn er wusste, dass er Abschied von ihm nahm, wenn er auch stets unsichtbar um ihn sein würde, und er wusste, dass Mantao, der Königsgaukler, einen schweren und einsamen Weg wandern würde, ehe er wieder heimfand in die Welt über den Sternen. Es ist kein leichter Gang für einen Engel, wenn er seine anvertraute Menschenseele zur Erde geleitet, besonders wenn es eine starke und große Seele ist, an die sich die anderen anklammern – die ihren Weg nicht nur für sich, sondern auch für andere geht und die den Schild halten soll über allem, was atmet. Es ist schon schöner, diese Seele wieder zu empfangen, wenn sie heimkehrt in die Welt über den Sternen.

„Der Erhabene segne deinen Pfad", sagte der Engel, „und er segne deinen Pfad allen, für die du ausgegangen bist, Menschen, Tieren und allem Leben. Ich werde für dich auf die Kette der Dinge achten, ich werde den Fäden deines Lebens folgen und deinen Stern über dir halten im Tempel Brahmas und im Schmutz der Gosse. So werde ich immer bei dir sein und doch ist es eine Trennung, denn Himmel und Erde sind ineinander verflochten und doch getrennt. Nun nehme ich Abschied von dir. Es ist ein harter Weg, den du wandern wirst. Nicht oft werden solche Seelen in den Kelch der Lotosblume gesenkt. Denn du wirst ein Königsgaukler sein und du wirst sehr, sehr traurig werden, wenn du das begreifst, und doch wirst du sehr froh werden, denn dein Weg ist ein Weg, auf dem die Dinge ineinander übergehen. Der Erhabene segne deinen Pfad. Mehr als andere braucht dein Pfad den Segen des Erhabenen, denn er ist der Pfad der Königsgaukler."

Die Lotosblume drehte und drehte sich. Zahllose Fäden kamen aus ihr hervor und klammerten sich immer fester und fester an den Boden der Erde, der mehr Dornen als Rosen trägt und auf dem Mantao nun leben und seinen Pfad wandern sollte.

Da neigte sich der Engel und nahm Abschied von Mantao, dem Königsgaukler.

Einer der vielen Fäden aber, die sich von der Lotosblume zur Erde spannen, zog Mantao zu seinem Elternpaar hin. Es waren arme Leute und sie gehörten zur verachteten Kaste der Paria. Aber seine Mutter glaubte, dass sie einen Königssohn geboren habe.

„Als ich diesen Knaben gebar", sagte sie zu ihrem Mann, „war es mir, als sähe ich eine der Lotosblumen, in deren Schoß die Engel die Seelen der Kinder tragen, und mir war, als sei die Lotosblume dieses Kindes größer und schöner, als sonst die Blüten der Kinderseelen sind. Es ist ein Königssohn, den ich geboren habe."
„Das meinen alle Mütter", sagte der Mann und lachte, „ich bin kein König und du bist eine Paria. Vielleicht wird er ein Gaukler werden an einem Königshof."

Bald darauf kam die Pest in den kleinen Ort, in dem Mantaos Eltern lebten. Sie war ein grausiger Gast. Dürr und hager wie ein Gerippe ging sie mit hüpfenden Schritten durch die Gassen und rief die Menschen zum Totentanz mit ihrer wimmernden Flöte. Alles versteckte sich vor ihr, denn wen sie ansah aus ihren hohlen Augen, der musste ihr folgen, bis er leblos niederfiel. Sie sah nicht alle an, denn auch sie ist ein Gesandter des Erhabenen und sieht nur jene, die sie sehen darf. Als ihr aber gar zu viele folgen mussten, da sammelten sich die Letzten und verließen das Dorf und gingen hinaus auf die Landstraße, viele, viele Tage weit, um einen Ort zu suchen, durch dessen Gassen die Pest nicht tanzte. Unter diesen Letzten waren auch Mantaos Eltern. Der Mann schob einen kleinen Karren vor sich her mit seinen wenigen Habseligkeiten und die Frau trug das Kind auf den Armen, von dem sie glaubte, dass es ein Königssohn wäre. Aber die Pest tanzte ihnen nach und sie rief zuerst den Mann, bis er ihr folgte und leblos niederfiel. Da ließ die Frau den Karren stehen und ging allein weiter mit ihrem Kinde. Am Tage darauf aber sah die Pest sie an und sie setzte sich an den Grabenrand, um zu sterben. Sie drückte ihr Kind noch einmal an sich und bat die anderen, sie mögen es mit sich nehmen und pflegen. Aber alles fürchtete sich vor der Pest und der Frau, die sie gezeichnet hatte, und sie ließen die Sterbende allein mit dem Kind in ihren Armen.

Da streckte die arme Frau flehentlich ihre Hände der Pest entgegen und bat: „Nimm mich dem Kinde nicht weg, das ohne mich verhungert, lass mich leben."

Die Pest sah plötzlich anders aus als sonst. Sie war kein dürres, hageres Gerippe mehr mit hohlen Augen, und sie neigte sich freundlich zu der Frau im Straßengraben.

„Das kann ich nicht", sagte sie traurig, „ich muss rufen, wie es mir befohlen wurde. Aber dein Kind wird nicht verhungern, du wirst es noch lebend einem anderen in die Arme geben. Dich aber werde ich dann rufen, so sanft wie ich noch niemand gerufen habe."

Und die Pest neigte in Liebe und Frieden ihr Haupt und ging von dannen. Seht ihr, Leben und Tod haben oft ein verschiedenes Angesicht und die Pest war barmherziger als die Menschen. Als die Frau aber wieder aufsah, da erblickte sie auf jener Stelle, auf der die Pest gestanden hatte, einen alten Mann in der ärmlichen Kleidung der Bettelmönche und mit einem spitzen sonderbaren Hut auf dem Kopf, wie ihn die Lamas in Tibet tragen.

„Gib mir dein Kind", sagte er, „ich will es in meine Heimat, in die heiligen Berge von Tibet tragen, und will es großziehen in aller Weisheit des Erhabenen."

Da gab ihm die Frau ihr Kind. „Es ist ein Königssohn", sagte sie.

„Das weiß ich", sagte der Mann aus Tibet.

„Wenn du das weißt, will ich dir gerne mein Kind geben", sagte die Frau, „und die guten Götter unseres Hauses mögen es schützen. Unser Haus ist verlassen, aber es waren freundliche kleine Götter, die darinnen lebten, und sicher sind sie mit uns gezogen und stehen neben meinem Kinde."

„Siehst du nicht, dass ein großer, schöner Engel neben deinem Kinde steht?", fragte der alte Mann aus Tibet. Aber die Frau hatte die Augen geschlossen und atmete nicht mehr. Die Pest hatte sie gerufen, ganz so wie sie es versprach, so sanft, wie sie noch niemand gerufen hatte.

Der alte Mann aber nahm das kleine Kind auf seine Arme und trug es so behutsam und vorsichtig, wie nur je eine Mutter ein Kind im Arm getragen hat, in seine einsame Heimat, in die heiligen Berge von Tibet.

Sie wanderten Tage und Nächte und neben ihnen ging der Engel, der die Seele des Kindes über den Sternenteppich zur Lotosblume getragen hatte. Und der alte Mann aus Tibet und der Engel redeten miteinander über Mantao, den Königsgaukler.

Die Königin *der* Ferne

un müsst ihr euch denken, ihr habet viele Jahre mit Mantao und dem alten Manne zusammengelebt, oben auf der Hochebene von Tibet, die nur selten eines Menschen Fuß betritt. Es ist ein raues einsames Land, Eis und Schnee kommen und gehen auf ihm und die wilden Winde singen ihre Klagelieder in seinen Klüften. In die kleine Hütte der beiden Menschen aber schauten keine Augen als die Augen der Sonne, des Mondes und der Sterne und keine anderen Gäste sahen sie um sich als die Tiere der Wildnis, die Mantaos Jugendgespielen waren. Die Bergziegen schenkten ihnen ihre Milch und die Waldbienen ihren Honig, aus Brüderlichkeit und um den Segen Brahmas. Keine Menschen hatte Mantao kennengelernt, aber in alle Tiefen der Natur hatte ihn der alte Mann aus Tibet eingeführt, er kannte den mühsamen Gang der pilgernden Käfer, deren schwachen Beinen ein Sandkorn groß und erhaben schien, und er kannte den Flug der Adler, die im gleitenden Schlag ihrer Schwingen die Berge umkreisen, so hoch, dass ihre Gipfel ihnen klein und gering vorkamen.

„Brahma ist in beiden", sagte der alte Mann aus Tibet und nahm seine sonderbare spitze Mütze ab vor den Käfern im Staube und vor den Adlern im Äther, „siehe, beider Wege musst du kennen und lieben und beider Wege wirst du wandern auf dem Pfad deines Lebens: den Weg der Mühsamen und den Weg der Großen, die über den Bergesgipfeln kreisen. Denn du bist Mantao, der Königsgaukler, und wirst wandern den Weg des Erhabenen."

Mantao schaute auf die Käfer und auf die Adler und er sah, wie die Sandkörner klein waren und groß erschienen und wie die Berge groß waren und klein erschienen, und er lernte erkennen, wie die Dinge ineinander übergehen dem, der auf Großes und Kleines schaut mit den gleichen Augen der Andacht.

Als nun Mantao ein schöner Jüngling geworden war, ohne noch zu wissen, was Schönheit ist, und ohne noch zu ahnen, was es heißt, anders als ein Kind zu sein, da rief ihn der alte Mann zu sich und sagte zu ihm: „Siehe, du bist nun groß und schön geworden, ich aber bin sehr alt und sehr müde. Es ist nun an der Zeit, dass du deinen Weg wanderst und dass ich von dir gehe."

Da erschrak Mantao, denn er liebte den alten Mann über alles. „Lass mich mit dir gehen", bat er und zum ersten Mal überkam ihn das Gefühl, was es heißt, kein Kind mehr zu sein. „Nimm mich mit dir dahin, wo du hingehst."

„Dahin, wo ich hingehe, kann ich dich nicht mitnehmen", sagte der alte Mann, „denn siehst du, ich gehe fort von dieser Erde."

„Soll das heißen, dass du sterben musst?", fragte Mantao.

„Nein, ich muss nicht sterben", sagte der alte Mann und lächelte, „sterben ist ein Wort der Täler, ich aber gehe in die Berge. Siehe, alle Namen der Berge um dich herum habe ich dich gelehrt in den Jahren deiner Kindheit – Brahma segne deine Kindheit, sie war ein Gnadengeschenk für mich alten Mann –, alle Berge haben wir miteinander gekannt und geliebt, wir haben die Stunden gewusst, wann die Sonne über ihren Riesenleibern aufging und wann sie sie im Sinken vergoldete. Wir haben die seltsamen Gestalten beobachtet, die das Mondlicht um ihre weißen Firnen wob, wir haben sie gekannt, wie wir die Käfer und die Adler kannten. Von allen Bergen aber kannte und liebte ich am meisten den Lischanna – nicht weil sein Gipfel einer Krone gleicht, nicht weil seine massigen Glieder schön sind wie ein Tempelgebäude, auch nicht weil er groß und gewaltig ist, denn andere sind größer und gewaltiger als er. Ich habe ihn gekannt und geliebt vor allen, weil ich wusste, dass ich einmal auf ihm den großen Heimweg antreten würde zum Erhabenen, von dem ich kam. Ich werde oben nicht sterben, sage das ja nicht, du, der auch nie sterben darf. Ich werde meinen alten, müden Körper ablegen, wie ich es jede Nacht tat, wie ich es oft im Wachen getan habe, wenn mein Geist sich von seinen Fesseln lösen durfte und ich mit inneren Augen über Berge und Täler schaute und auf die wirren Wunder dieser Erde. Nun lass uns auf den Lischanna steigen, dass ich meinen Körper für immer ablege wie ein altes Gewand und den Erhabenen schaue von Angesicht zu Angesicht."

Mantao schwieg. Der alte Mann aber streckte noch einmal seine Hände über die Halde aus, auf der seine Hütte stand, und segnete die Käfer und die Adler und die Bergziegen und Waldbienen, die ihn genährt hatten, mit dem Segen Brahmas. Dann ging er mit leuchtenden Augen seinen letzten Gang und Mantao folgte ihm.
Auf halber Höhe des Berges blieb der alte Mann stehen und wandte sich zu Mantao. „Siehe", sagte er, „unter dir die Täler im Abendsonnenschein, dahin musst du nun gehen, denn jetzt ist dein Weg der Weg zu den Tälern der Menschen, bis du einst wieder zurückfindest auf deinen heiligen Berg. Diese Täler sind das heilige Land von Indien, das voll wirrer Wunder ist. Bunte Lampen brennen sie in den Tälern, aber es sind Lampen, die bald erlöschen. Du wirst ihnen fremd sein, den Menschen in den Tälern, sie werden dich vielleicht für einen Bettler halten, für einen Gaukler, du aber vergiss nicht, dass du ein König der Berge bist. Nun lass uns Abschied nehmen, Mantao, mein Königsgaukler, lass uns Abschied nehmen für dieses Leben – und ich danke dir für deine

Kinderjahre, die meine Seele durchsonnt haben. Mir danke nicht, diesen Dank statte ab allem, was atmet, statte ihn denen ab, deren Lampen erlöschen. Der Erhabene segne dich, der du nicht mein Kind warst und doch mein Kind warst, das Kind meiner Seele und meines Geistes für eine Zeit, die nun zu Ende ist."

Mit diesen Worten nahm der alte Mann seine Mütze ab, jene sonderbare spitze Mütze, die immer noch dieselbe war seit dem lange vergangenen Tag, da der alte Mann das kleine Kind auf der Landstraße in seine Arme genommen hatte. Die Mütze war um vieles schmutziger und unscheinbarer geworden in den vielen Jahren, aber Mantao erschien es, als wäre es eine Krone, die der alte Mann abnahm, um sein Haupt zum Abschied zu entblößen vor dem, den er als ein kleines Kind in seine Berge getragen hatte.
Da fiel Mantao, der Königsgaukler, in die Knie und weinte bitterlich.

Der alte Mann aber ging mit festen und geraden Schritten weiter auf seinen geliebten Berg Lischanna hinauf und sein weißes Haar flatterte im Abendwind. Mantao sah ihm nach, bis er ihn nicht mehr sehen konnte. Da sank die Sonne über den Gipfeln der Berge von Tibet.

Nun schlief Mantao die letzte Nacht in der Hütte seiner Kindheit. Ihm war sie ein königlicher Palast gewesen, geschmückt mit den bunten Bildern seiner Kinderseele und der Seele des alten Mannes, der auch eine Kinderseele hatte und der nun von ihm gegangen war. Zum ersten Mal sah Mantao, dass der königliche Palast seiner Kindheit eine ärmliche Hütte war, und er schlief einsam und traurig ein. Am anderen Morgen aber wollte er, wie es ihm der alte Mann zum Abschied gesagt hatte, von den Bergen in die Täler niedersteigen zu den wirren Wundern Indiens, zu denen seine Seele ihn zog, ohne dass er es wusste.

Um Mitternacht erwachte er und da erschien es ihm, als seien die Wände seiner Hütte seltsam verändert, als seien sie feingliedrige Blütenblätter einer Lotosblume geworden, in deren Kelch die Sterne schauten. Von der Lotosblume aber spannen sich lauter feine, feste Fäden weit, weit hinaus und hinunter in die Täler Indiens – und ihm war, als müsse er diesen feinen Fäden folgen, mit denen er sich verkettet fühlte, er wusste nicht, wie.
„Das ist die Kette der Dinge", sagte eine leise Stimme, „ich will auf deine Kette der Dinge achten, wie ich es dir versprochen habe, Mantao, mein Königsgaukler."
Es war die Stimme seines Engels, der zu seinen Häupten stand und auf ihn niederschaute. Mantao aber sah ihn nicht.

Mantao sah in die Sterne. Und ihm war, als formte sich vor seinen Augen aus dem blauen golddurchwirkten Schimmer der Nacht die Gestalt einer Frau von unsagbarer Schönheit – so unerreichbar göttlich und erhaben und doch so seltsam vertraut mit allem, was in ihm war, als sei alle Liebe, die er je empfunden für die mühseligen Käfer und die kreisenden Adler, für den alten Mann mit der spitzen Mütze und für die Bergziegen und Waldbienen, eins geworden in dieser Frauengestalt über den Sternen.

„Ich bin du, wenn ich auch jetzt von dir getrennt bin", sagte die Frau über den Sternen und lächelte. „Siehe, meine weißen Glieder werden gebaut von deinen Gedanken, mein Gewand wird gewirkt von deinen guten Werken und alle Liebe und alle Sehnsucht, die in dir atmen, sind mein Diadem. Ich bin du und einmal wirst du ganz mit mir vereinigt sein. Baue meine Glieder, wirke mein Gewand und durchleuchte mein Diadem mit den Edelsteinen deiner Liebe. Je mehr du mich schmückst, umso mehr werde ich dich lieben, Mantao, mein Liebster, mein Königsgaukler."

„Wann werde ich mit dir vereinigt sein?", rief Mantao und ihm war, als stünde sein ganzes Wesen in Flammen, die er noch nie gekannt.

„Wenn du ganz du sein wirst, Mantao, mein Liebster. Wenn du durch die Täler Indiens gegangen bist und durch ihre wirren Wunder, wenn du die Stadt der bunten Lampen kennst und die Stadt der erloschenen

Lampen, wenn du wieder heimkehrst über den heiligen Berg in Tibet in das Königreich der Ferne. Denn siehe, ich bin die Königin der Ferne, die Königin deiner Ferne, die du suchen wirst auf allen deinen Wegen, bis du sie gefunden."
„Wie aber soll ich das Königreich meiner Ferne finden und dich in ihm, Königin der Ferne?", fragte Mantao.
„Du musst einen Schild, ein Schwert und eine Krone tragen und die will ich dir geben. Dies Schwert soll dich schützen und die, für die du deinen Weg wanderst. Diesen Schild sollst du halten über allem, was atmet und dich um Hilfe ruft. Deine Krone aber wirst du unsichtbar tragen und niemand wird sie sehen auf dieser Erde. Deine Krone wirst du selbst erst sehen im Königreich der Ferne. Ein König wirst du sein mit einer unsichtbaren Krone und sie werden dich für einen Gaukler halten. Der Erhabene segne dich, Mantao, mein Liebster, mein Königsgaukler. Denke an deine Königin der Ferne."
Mantao schlief wieder ein und als er am Morgen erwachte, lagen ein Schild und ein Schwert von einfacher Arbeit und ärmlichem Aussehen neben ihm. Eine Krone aber konnte er nicht an sich entdecken. Da nahm er den Schild und das Schwert auf, segnete die Käfer und die Adler, die Bergziegen und die Waldbienen, nahm Abschied von der Hütte seiner Kindheit und stieg langsam die Berge hinunter zu den Tälern Indiens.

Der Kleine mit den Elefantenohren und das Äffchen

ls Mantao zu den Tälern Indiens gekommen war, da staunte er über die Pracht und den Reichtum an Leben, den Brahma über dieses Land der Wunder ausgegossen hatte aus seiner göttlichen Schöpferschale. Blumen von solcher Farbe und solchem Duft und Tiere von so seltsamer Gestalt hatte er oben in den einsamen Bergen Tibets nicht gesehen und er ahnte nicht, dass viele dieser herrlichen Blüten ein tödliches Gift enthielten und manche dieser schönen Tiere wild und reißend waren. Er segnete sie mit dem Segen des Erhabenen und die Giftblumen neigten ihre Kelche vor ihm, um ihm ihren tödlichen Hauch zu verbergen, und die wilden Tiere dankten ihm für seinen Segen und gaben ihm den Weg frei. Sogar die Schlangen rollten ihre schimmernden Leiber vor ihm zu gefälligen Mustern zusammen und der Tiger, Indiens Königskatze, schnurrte so laut, dass selbst seine Frau und die kleinen Tigerkinder einstimmig versicherten, so herrlich haben sie ihn noch nie schnurren gehört, obwohl er ein Meister im Schnurren war wie nur sehr wenige.

Als nun Mantao die ganze Wildnis durchwandert hatte, da erblickte er eines Tages eine sonderbare

Gestalt, die gerade auf ihn zukam und sonderbarer war als die Merkwürdigkeiten, die er bisher gesehen. Es war ein ganz kleines Männchen mit gewaltig großen Elefantenohren und die Ohren waren so groß und das Männchen so klein, dass es ganz in den Ohren eingehüllt war. Ja, wenn es ging, so schleiften die Ohren noch ein wenig auf der Erde und der Kleine nahm sie dann auf wie eine Schleppe, um sie zu schonen.

„Heil dir, König Mantao", sagte der Kleine und neigte sich so tief, dass die Elefantenohren den Staub auf dem Erdboden aufwirbelten.

„Woher weißt du, wie ich heiße", fragte Mantao, „und dass ich ein König bin?"

„Ich habe das gehört", sagte der Kleine mit den Elefantenohren, „denn mit diesen Ohren höre ich alles."

Er richtete sich wieder auf und ordnete die Ohren in hübschen Falten auf seinem Rücken wie einen Mantel.

„Ich kann mir schon denken, dass du mit diesen Ohren vieles hören kannst", sagte Mantao, „aber ist es nicht seltsam, dass ein so kleiner Mann solche großen Ohren trägt und noch dazu Elefantenohren? Ist es nicht sehr beschwerlich, solche Ohren zu tragen?"

„Sage das nicht", erwiderte der Kleine, „siehe, es ist eine gewaltige Gnade, dass ich diese Ohren habe. Der alte und weise Elefant Mammamutra hat sie mir geschenkt. Ich habe ihm einmal eine Wunde verbunden. Man lernt besser hören, wenn man anderen die Wunden verbunden hat, sagte der Elefant Mammamutra und gab mir aus lauter Gefälligkeit diese Ohren, die er, dank einem leichten Zauber, aus seiner eigenen Haut geschneidert hat. Er hatte viel Haut übrig, selten habe ich jemand gesehen, dem die Haut so in unzähligen Falten am Leibe hing, wie Mammamutra, dem alten und weisen Elefanten. Er hatte es wirklich übrig, aber doch war es eine sehr große Gnade, denn seit ich diese Ohren habe – der Erhabene segne Mammamutra und seine Kinder und Kindeskinder –, seit der Zeit höre ich so leise Dinge, wie wenn der Keim einer Pflanze seine Hülle bricht im Schoß der Erde. Ich höre die Gedanken der Guten und die Ränke der Bösen und so hörte ich, dass Mantao, der Königsgaukler, in die Täler von Indien gekommen ist."

„Wie hast du das gehört?", fragte Mantao. „Klingt nicht ein Schritt wie der andere, wenn er dir nicht seit Jahren vertraut ist?"

„Siehe, ich hörte eine Lotosblume wachsen", sagte der Kleine mit den Elefantenohren, „und ein Engel legte die Seele eines Kindes in ihren Kelch. Es war deine Seele, Mantao, mein Königsgaukler. Ich hörte, wie die Lotosblume sich drehte, und hörte, wie sich viele feine Fäden aus ihr spannen zu den Bergen von Tibet und den Tälern von Indien. Deine Schritte brauche ich nicht zu hören, denn du wandelst den Fäden nach, die dich zu sich ziehen."

„Gehe ich denn nicht mit festen Schritten auf dieser Erde, wie ich will und wohin es mir beliebt?", fragte Mantao stolz und schlug an das Schwert an seiner Hüfte.

„Das hört sich so äußerlich für menschliche Ohren an", sagte der Kleine und raschelte vergnügt mit seinen Elefantenohren, „aber wenn man mit Mammamutras Ohren hört – der Erhabene segne ihn und seine entferntesten Verwandten –, dann hört man, wie die Fäden gesponnen werden, die die Schritte nach sich ziehen. Siehe, die ganze Erde ist mit solchen feinen Fäden durchwirkt. Von den einen bist du frei, die anderen ziehen dich an und du folgst ihnen, ohne zu wissen, warum. Das ist die Kette der Dinge und du bist mit ihr verbunden aus früheren Leben, da du schon in anderer Gestalt auf dieser Erde wandeltest, oder aus deinem innersten Wesen heraus, das der Engel mit allem, was du warst und sein wirst, in den Kelch der Lotosblume senkte. So ist das ganze Leben wie ein Teppich, kunstvoll aus feinen Fäden gewoben, und du bist mitten darin, um sein Muster auszuwirken, Fäden zu lösen und zu verbinden, bis du frei bist von allen Fäden, die dich halten, und dein fertiges Muster heimtragen kannst in dein Königreich der Ferne."

„Gerade in dieses Königreich der Ferne will ich", sagte Mantao, „seit ich meine Königin der Ferne sah in der letzten Nacht, die ich in der Hütte meiner Kindheit schlief. Kannst du, der alles hört, mir nicht sagen, wo jetzt meine Königin der Ferne weilt?"
„Deine Königin der Ferne ist in ihrem und deinem Königreich über den Sternen und sie wartet darauf, dass du ihr noch heute einen Edelstein schenkst, den sie sich ins Diadem flechten kann."
„Wie soll ich hier in der Wildnis einen Edelstein finden?", fragte Mantao.
„Geh und wirke deinen Teppich", sagte der Kleine mit den Elefantenohren, „wirke deinen Teppich, Mantao, mein Königsgaukler. Ich aber will mich in meine Elefantenohren hüllen und schlafen, denn auch dazu sind diese herrlichen Ohren gut. Wenn ich mich in diese Ohren wickle, so ruhe ich wie in einer Bettdecke, die mich schützt und wärmt, dass kein Schlangenzahn hindurchkann, kein nasser Regen und kein kalter Morgentau. Dank diesen Ohren, und der Erhabene segne Mammamutra und seine Kinder und Kindeskinder und die kleinsten Säuglinge seiner ganzen Elefantensippe."
Mit diesen Worten wickelte sich der Kleine in seine Elefantenohren hinein, sodass er völlig darin verschwand, denn Mammamutra hatte diese Ohren überaus reichlich bemessen.

Mantao war seinen Weg weitergegangen und dachte darüber nach, wie er wohl den Teppich seines Lebens wirken könne und wie es ihm gelingen möge, noch heute einen Edelstein für das Diadem seiner Königin der Ferne zu finden.

Da hörte er, abseits von seinem Wege, ein schwächliches Klagen im Gebüsch, ähnlich dem Weinen eines kleinen Kindes. Er ging den Klagelauten nach und fand ein Äffchen, das wimmernd und jammernd neben seiner toten Affenmutter hockte und ihn flehentlich aus seinen Kinderaugen ansah. Mantao brachte ihm Früchte und Wasser, aber das Äffchen aß und trank nichts. Es blieb auf dem Boden kauern und jammerte.
„Sein Leib hungert nicht, aber seine Seele hungert", dachte Mantao und er wusste nicht, wie er dem kleinen Geschöpf helfen sollte. Da hörte er eine Stimme neben sich reden.
„Denke an eine kranke Frau, die im Straßengraben starb", sagte die Stimme neben ihm, „es war eine Paria und die Pest hatte sie angesehen aus ihren hohlen Augen. Sie hielt ein Kind auf den Armen und sie flehte die Menschen an, sich ihres Kindes anzunehmen, aber niemand half ihr. Da kam ein alter Mann und nahm das kleine Kind in seine Arme und trug es in die Berge von Tibet. Denke daran, Mantao, mein Königsgaukler."

Es war sein Engel, der neben ihm stand und redete.
Mantao hörte seine Stimme, aber er sah seinen Engel
nicht.

Da gedachte er der Königin der Ferne und seines
Schildes und er erhob seinen Schild und hielt ihn über
dem kleinen Affen. Es war das erste Geschöpf, über
dem Mantao, der Königsgaukler, seinen Schild hielt.
Der kleine Affe aber hörte auf zu jammern. Er ließ
sich von Mantao aufnehmen und schlang die dünnen,
schwachen befellten Arme um seinen Hals.

„Dieser Schild von einfacher Arbeit und geringem
Ansehen muss eine seltsame Zauberkraft enthalten",
dachte Mantao und eine Ahnung stieg in ihm auf,
welch eine heilige Aufgabe es ist, solch einen Schild
zu tragen und ihn zu halten über allem, was atmet.

Nun hatte Mantao seinen Weggenossen gefunden
und er ging mit dem kleinen Affen seinen Pfad weiter.
Der Engel ging unsichtbar neben ihnen. „Ein kleiner
Affe ist dein Begleiter", sagte er, „siehe, nun werden
die Menschen über dich lachen und sagen, dass du ein
Gaukler bist, wenn du Schild und Schwert trägst und
ein Affe dich geleitet. Lass es die Menschen sagen.
Du bist doch ein König, größer als alle ihre Könige,
Mantao, mein Königsgaukler."

Über den Sternen reichten sich eine Menschenmutter und eine Affenmutter die Hände, ein alter Mann mit einer sonderbaren spitzen Mütze freute sich und die Königin der Ferne flocht sich einen funkelnden Edelstein in ihr Diadem.

Mantao, der Königsgaukler, aber verließ die Wildnis und trat mit dem kleinen Affen hinaus auf die Straße des Lebens.

Die Stadt der bunten Lampen

ie Straße des Lebens, die Mantao, der Königsgaukler, betreten hatte, war staubig und hässlich für einen, der vom samtenen Pflanzenteppich der indischen Wildnis kam und von den schneegewaschenen Bergwegen Tibets. Zögernd setzte Mantao seinen Fuß auf den Pfad, den Tausende und Abertausende vor ihm gegangen waren und den er nun ging, selber nur einer von Tausenden. Fast sehnte er sich nach der reinen Einsamkeit der Berge, aber er war jung und das Leben auf der Straße war bunt, lärmend und farbenfroh und seine Jugend spann Fäden in dieses fremde Leben hinein. Das Äffchen lief neugierig und ein wenig ängstlich neben ihm her.

Immer bunter und gedrängter wurde die Straße des Lebens, je weiter die beiden Weggenossen wanderten. Sauberer und schöner wurde sie nicht, aber man gewöhnte sich nun allmählich daran. Unzählige Menschen, Männer, Frauen und Kinder, liefen durcheinander, alle verschiedenartig gekleidet und geartet. Es waren viele darunter von Mantaos Bronzefarbe, die still ihres Weges gingen und selten und leise sprachen, das waren die Menschen Indiens. Gelbe kleine Menschen mit kurzen Beinen und geschlitzten Augen waren dabei, die schrien und schwatzten, und schöne ruhige Gestalten von weißlich schimmernder

elfenbeinerner Hautfarbe ritten auf geschmückten
Dromedaren, deren Köpfe bei jedem Schritt nickten,
sodass die kleinen silbernen Glocken am Halfter
zusammenklangen. Das waren fremde Reisende aus
den fernen Ländern um Samarkand. Zwischen all der
schweigenden und schwatzenden Menge aber zog sich
wie eine endlose Kette die Reihe von Ochsenkarren,
die, mit allerlei Warenballen beladen, langsam und
bedächtig die knarrenden und quietschenden Räder
durch den Staub der Straße schoben. Einige trugen
bunte Zelte mit flatternden Wimpeln, mit Teppichen
verhangen, aus denen zuweilen ein verschleierter
Frauenkopf hervorschaute, um schnell wieder zu
verschwinden, oder ein Papagei mit einem Gefieder
von grellem Grün, Gelb und Rot erschien und ärgerlich und erbost auf die Vorübergehenden schimpfte.
Das freute das kleine Äffchen, sodass es grinste und
sich die Hände rieb vor Vergnügen. Aber bald wurde
es müde und Mantao nahm es auf den Arm.

„Seht den Gaukler!", schrien die Leute. „Er trägt
Schild und Schwert und einen Affen auf den Armen."
Das waren die ersten Worte, die Mantao von den
Menschen hörte.
„Seht den Gaukler, Gaukler, Gaukler!", kreischte ein
bunter Papagei und wackelte spaßhaft mit dem Kopf
hin und her, wie ein Gelehrter, der seinen Tadel und
sein Missfallen zum Ausdruck bringt.

„Könnt ihr so genau Könige und Gaukler unterscheiden?", fragte Mantao und lächelte. Sein Lächeln aber war nicht das Lächeln eines Gauklers.

„Selten haben Gaukler so schöne Züge und so ebenmäßige Glieder", sagte eine Frau aus Samarkand und lugte aus ihrem Zeltteppich hervor.

„Er redet sonderbar und er ist seltsam gekleidet, ähnlich wie die einsamen Weisen von Tibet", sagte jemand aus dem Volkshaufen, „lasst ihn in Ruhe seinen Weg wandern, vielleicht ist er ein Heiliger und sein Fluch kann euch treffen."

„Mir scheint, er ist kein Heiliger", sagte die Frau aus Samarkand und zog den Teppich ihres Zeltes wieder zu.

„Ich fluche euch nicht", sagte Mantao, „wie soll ich euch fluchen, da ihr nicht wisst, ob einer ein König, ein Gaukler oder ein Heiliger sei. Aber sagt mir, wohin führt diese breite und staubige Straße, auf der sich so viele Menschen drängen, als gelte es ein herrliches Ziel zu erreichen?"

„Fragst du, wo du doch selbst diese Straße wanderst?", rief ein Krämer, der seine reichbeladenen Ochsenkarren führte. „Du bist doch wohl ein Gaukler, dass du eine Straße gehst ohne Zweck und Ziel und ohne zu wissen, wohin dich dein Weg führt."

„Viele glauben ein Ziel und einen Zweck zu haben, aber des Lebens Zweck und Ziel liegt nicht in deinen beladenen Ochsenkarren, viele glauben ihren Weg zu

gehen und ihren Weg zu kennen und wandern doch nur dahin, wohin die Fäden sie ziehen", sagte ein armer, alter Bettelmönch und murmelte Gebete vor sich hin.
Ein kleines Mädchen spielte mit einem Ball und warf ihn gerade vor Mantaos Füße. „Es ist die Stadt der bunten Lampen, wohin wir wandern", sagte es.

Da tauchte ein violetter Schein ins verglimmende Abendrot, immer dunkler und dunkler hasteten die Schatten der Dämmerung über das Land und in der Ferne der breiten Straße lohten die ersten Lichter auf von der Stadt der bunten Lampen.

Es war Nacht geworden, als sie in der Stadt der bunten Lampen anlangten. Aber in der Stadt der bunten Lampen feierte man keine Nachtruhe. Durch die krummen, engen Gassen fluteten die Menschen mit festlichen Lichtern in den Händen, die sie auf hohen Stangen trugen, und hoch über der drängenden Menge schwankten Baldachine von Samt und Seide auf den breiten Rücken geschmückter Elefanten.
Es war, als sei die ganze breite Straße des Lebens in einen wirren Knäuel zusammengeworfen worden und strahlte all die zuckenden Lichter ihrer vielartigen Wesenheit aus.
Vor den kunstvoll geschnitzten hölzernen Toren der Häuser brannten bunte Lampen in allen Farben und

aus den verhangenen Fensteröffnungen drang ein mattes verschleiertes Licht und der gedämpfte Klang leiser Saiteninstrumente.

Mantao irrte ratlos mit dem kleinen Affen im Arm durch all die unbekannte Wirrnis in der Stadt der bunten Lampen. Niemand beachtete ihn hier und er wagte niemand um eine Herberge anzugehen, denn alle die Menschen erschienen ihm voller Unrast, er aber suchte Ruhe und ein Dach, unter dem Stille und Frieden war.

Schon wollte er die Stadt der bunten Lampen verlassen und draußen auf dem Felde schlafen, als er ein junges Mädchen erblickte, das vor seinem Hause unter einer bunten Lampe stand und ihn aus neugierigen Augen musterte. Ihre bronzenen Glieder waren mit goldenem Schmuck und zierlichen Ketten behangen und im kunstvoll geflochtenen Haar trug sie einen Kranz von roten Blüten, die Mantao nicht kannte und die einen betäubenden Duft ausströmten. Der goldene Schmuck und die Ketten klirrten, wenn das Mädchen sich regte, und schon wollte Mantao sich abwenden und weitergehen, denn die Fremde erschien ihm so fremd wie die anderen in der Stadt der bunten Lampen. Da schaute er ihr in die Augen und sah, dass diese Augen, so laut auch alles um sie war, still und ruhig und tief waren, ähnlich den Bergseen in Tibet.

„Willst du mir eine Herberge geben?", fragte Mantao. „Mir und dem Affen auf meinem Arm?"

„Gerne", sagte das Mädchen und lachte, „tritt ein in mein Haus. Ich bin Myramar, die Tänzerin, und habe nichts gelernt als lachen und die bunten Lampen in meinem Hause anzünden."

„Einmal wirst du weinen lernen und deine bunten Lampen werden erlöschen", sagte Mantao, „siehe, ich bin Mantao, ein König aus den Bergen von Tibet, aber die Menschen auf der Straße haben mich einen Gaukler genannt. Ich danke dir für deine Herberge, aber ich habe keinen Lohn dafür zu geben als den Segen Brahmas."

„Ich will keinen Lohn von dir", sagte die Tänzerin, „denn ich liebe dich, Mantao, mein Königsgaukler."

Da war es Mantao, als habe die Tänzerin etwas in ihm erkannt, was in ihm war, als sie ihn mit diesem Namen nannte, und er folgte ihr in ihr Haus.

Seidenweiche Teppiche lagen darinnen ausgebreitet auf dem Fußboden, sodass man darüber hinwegschritt auf lautlosen Sohlen, Brot und Früchte lagen auf einem kleinen Tischchen aus vergoldetem Rosenholz und an der Wand stand, von einem schweren Vorhang halb verborgen, eine purpurrote Lagerstatt, überstreut mit den gleichen roten Blumen, die das Mädchen im Haar trug. Über allem aber lag das matte Licht einer Ampel aus Alabaster.

„Willst du dem Affen die gleiche Herberge geben wie mir?", fragte Mantao.

Da lachte die Tänzerin, dass ihre weißen Zähne zwischen den dunklen Lippen blitzten, nahm den kleinen Affen auf den Schoß und fütterte ihn mit den Früchten von dem Tisch aus Rosenholz.

„Dafür will ich einmal meinen Schild über dir halten, wenn deine Lampe erloschen ist", sagte Mantao, der Königsgaukler.

„Rede nicht von erloschenen Lampen", sagte die Tänzerin, „siehe, dies ist die Stadt der bunten Lampen und über sie herrscht Prinzessin Amaranth. Wir dürfen lachen, tanzen und unsere bunten Lampen brennen Nacht für Nacht, aber wir dürfen nicht von erloschenen Lampen reden, das hat Prinzessin Amaranth verboten in ihrem Reich."

„Einmal müssen alle die bunten Lampen erlöschen", sagte Mantao, „es ist besser, davon zu reden, als zu schweigen. Wohin gehen denn die von euch, deren Lampen erloschen sind?"

„Es gibt noch eine Stadt der erloschenen Lampen", sagte die Tänzerin, „aber Prinzessin Amaranth hat verboten, davon zu reden. Ich will auch nicht davon reden, denn meine bunten Lampen brennen und ich will tanzen und lachen, denn etwas anderes habe ich nicht gelernt."

Sie setzte den kleinen Affen mitten zwischen lauter seidene gestickte Kissen und begann zu tanzen, erst langsam, dann immer schneller und schneller, dass

der goldene Schmuck und die feinen Ketten an ihren
bronzenen Gliedern klirrten und die duftenden Blüten
eine nach der anderen aus ihren Haaren fielen.
Das Äffchen freute sich und schlug den Takt mit dem
langen Schwanz dazu, den es wechselnd auf- und
zusammenrollte, je nach den Klängen der Melodie.
Die Melodie aber war die eines uralten indischen
Liebesliedes.
Immer leiser und leiser wurden die Klänge des alten
indischen Liebesliedes, das die Tänzerin vor sich hin
summte, und als es zu Ende war, da neigte sich Myramar und küsste Mantao, den Königsgaukler. Über
ihnen brannte die Ampel von Alabaster und um sie
war die Nacht, Indiens weiche samtene Nacht mit
ihren tausend Träumen und abertausend Wundern...

Gegen Morgen erwachte Mantao von einem Rascheln
in der Ecke des Zimmers, wie wenn große Elefantenohren sich bewegen. Da stand der Kleine mit den
Elefantenohren, bewegte seine Ohren hin und her und
raschelte vernehmlich damit.
„Siehe", sagte der Kleine mit den Elefantenohren,
„ich hörte mit meinen Elefantenohren – der Erhabene
segne Mammamutra und seine Kinder und Kindeskinder –, ich hörte, wie deine Lotosblume feine Fäden
spann zu diesem Mädchen in der Stadt der bunten
Lampen. Es ist nur eine Tänzerin, keine Königsgenossin, aber sie hat dir Herberge gegeben aus Liebe und

sie hat deinen kleinen Affen in seidene Kissen gebettet. Zerschneide ihren Faden nicht ganz, Mantao, mein Königsgaukler."

Mantao schaute auf die schlafende Tänzerin. „Ich will meinen Schild über ihr halten, wenn ihre Lampe erloschen ist", sagte er.

Der Kleine mit den Elefantenohren raschelte und verschwand auf die gleiche rätselhafte Weise, wie er gekommen war.

Die Sonne ging auf und die Stadt der bunten Lampen erwachte zu neuem Leben.

Prinzessin Amaranth

m diese Zeit begab es sich, dass Prinzessin Amaranth in ihren Zauberspiegel schaute, um zu erkunden, welche Fremdlinge wieder in ihre Stadt der bunten Lampen gekommen wären. Denn Prinzessin Amaranth war eine Zauberin und den Spiegel hatte sie von ihrem alten Oheim geerbt, der ein so böser Zauberer war, dass er schließlich vor lauter Bösartigkeit zerplatzt war und nichts mehr von ihm übrig geblieben war als nur dieser Spiegel. Der Spiegel aber war aus feinstem blank geschliffenem Silber, mit allerlei seltsamen Zeichen versehen, und wenn Prinzessin Amaranth hineinschaute, so erblickte sie darin alles, was es Neues gab in der Stadt der bunten Lampen und was für sie wert war, es zu wissen oder gar zu besitzen. Das alles sah sie in kleinen scharfen Bildern und in allen Farben des Lebens.

Als nun Prinzessin Amaranth wieder in ihren Zauberspiegel schaute, sah sie alle die vielen Menschen, Dromedare und Ochsen, die in die Stadt der bunten Lampen gekommen waren, aber es war nichts darunter, was sie zu besitzen wünschte. Größere und klügere Menschen beherrschte sie als jene, die gekommen waren, und ihre Zugochsen und Reittiere waren schöner und edler als die anderen von Hindustan und von

Samarkand. Schließlich aber erblickte sie Mantao, den Königsgaukler, in ihrem Spiegel. Sie sah ihn auf seinem purpurnen Ruhebett liegen und neben ihm an die Wand gelehnt standen sein Schild und sein Schwert.
„Diese Waffen muss ich besitzen!", rief Prinzessin Amaranth und erblasste vor Erregung. „Wenn ich diesen Schild habe, wird er nicht mehr über dem gehalten, was atmet, und seine Schützlinge gehören mir, und mit diesem Schwert weise ich selbst die letzten Engel hinweg von der Stadt der bunten Lampen. Wenn ich aber den Mann beherrsche, der beides trägt, dann will ich stolzer sein als alle Königinnen von Hindustan bis Ophir."
Da rief Prinzessin Amaranth ihr Gesinde und sandte Boten aus, zu erkunden, wer jener Mann wäre, der im Hause der Tänzerin Herberge genommen und so kostbare Waffen führe.

Die Boten kamen wieder, lachten und berichteten, es wäre ein Gaukler mit einem Äffchen und seine Waffen wären schmucklos und einfach und keines Königs Wehrgehänge. Der Gaukler aber hieße Mantao. Prinzessin Amaranth hatte diesen Namen schon lange in ihren geheimen Büchern gelesen und sie wusste seine Deutung.
„Narren seid ihr", rief sie, „es ist kein Gaukler, sondern ein König und mit königlichen Ehren will ich ihn

empfangen. Meine vornehmsten Ritter sollen ihn vor meinen Thron bitten, holt allen Reichtum meines Palastes, den seine Gewölbe bergen, herbei, ich aber will mich schmücken für ihn, wie ich mich noch niemals für jemand geschmückt habe!"

Da gingen die Ritter, um Mantao, den Königsgaukler, zu holen. Prinzessin Amaranth aber kleidete sich in ihr herrlichstes Gewand, das über und über mit Perlen bestickt war, und setzte sich ein Diadem von Opalen aufs Haupt.
Als nun die Gesandten Amaranths zum Hause der Tänzerin kamen, verneigten sie sich viele Male und baten Mantao, er möge ihnen zum Thron der Prinzessin folgen.

„Ich muss Abschied von dir nehmen", sagte Mantao zur Tänzerin, „Prinzessin Amaranth ruft mich zu sich an ihren Thron. Habe Dank für deine Herberge und deine Liebe."
Da weinte die Tänzerin Myramar, die gestern noch gelacht hatte.
„Siehe", sagte Mantao, „ich darf keinem und keiner gehören. Ich bin ein Schildträger Brahmas und muss meinen Pfad wandern als ein Einsamer, um meinen Schild zu halten über allem, was atmet. Wir folgen alle den Fäden, bis wir sie gelöst haben. Aber den Faden, den deine Seele zu meiner Seele spann, will

ich nicht zerreißen. Der Erhabene segne dich. Ich will meinen Schild über dir halten, wenn deine Lampe erlöscht."

Da nahm Myramar, die Tänzerin, Abschied von Mantao, dem Königsgaukler.

Mantao aber nahm seinen Schild und sein Schwert, hob den kleinen Affen auf seine Arme und folgte den Gesandten zum Palast der Prinzessin Amaranth.
Als Mantao den Königssaal betrat, stieg Prinzessin Amaranth die Stufen ihres Thrones herab und neigte sich vor ihm. „Noch niemals hat ein so königlicher Mann diesen Saal betreten", sagte sie, „aber mich dünkt, deine Waffen sind nicht eines Königs Waffen, sondern die Waffen eines Gauklers. Lege sie ab und wähle dir aus meiner Waffenkammer das, was dir am schönsten erscheint."
Mantao sah um sich und erblickte zu seinen Füßen die herrlichsten Waffen, Schilde und Schwerter von solchem Glanz und von so kunstvoller Arbeit, wie er sie noch nie gesehen. Der kleine Affe aber wimmerte leise und verkroch sich unter Mantaos Schild. Mantao fasste seinen Schild und sein Schwert fester.
„Diese Waffen gebe ich nicht her", sagte er, „es sind heilige Waffen, wenn sie dir auch als eines Gauklers Waffen erscheinen."
„Ich will mich gerne von dir belehren lassen", sagte Prinzessin Amaranth, „behalte deine Waffen, wie es

dir beliebt, aber bleibe bei mir in meinem Königsschloss und sei mein Gemahl. Alle Macht, die in meinen Händen ist, will ich dir schenken und dir dienen, und du sollst die Stadt der bunten Lampen noch bunter und lachender gestalten als jetzt."

Die Minister machten noch dümmere Gesichter als sonst, als sie hörten, der Gaukler im seltsamen, ärmlichen Gewand solle ihr König werden. Nur ein Minister, ein hässlicher dürrer Mann mit einem einzigen Auge auf der Stirn, lächelte listig und wandte sich zu Prinzessin Amaranth. „Es nützt dir nichts", flüsterte er, „wenn er auch dein Gemahl wird. Seine Waffen werden herrschen über dich und über die Stadt der bunten Lampen. Du musst ihn von dem Affen trennen, über den er zuerst seinen Schild gehalten hat. Dann hast du ihn entwaffnet und du wirst herrschen über ihn und über ganz Indien."
Mantao sah die Königin an und er sah, dass sie sehr schön war. Er wusste auch, dass es eine große Macht war, die ihm angeboten wurde.
„Siehe, wie ich mich für dich geschmückt habe", sagte Prinzessin Amaranth und lächelte demütig. „Mein schönstes Diadem habe ich für dich angelegt und in mein herrlichstes Perlengewand habe ich mich gekleidet. So habe ich mich noch niemals für jemand geschmückt, Mantao, mein König!"

„Prinzessin Amaranth", sagte Mantao, „die Opale deines Diadems sind kalte Steine, in denen sich kein Sonnenlicht verfängt. Sie sind matt und schillernd wie Schlangenleiber. Ich habe schönere Diademe als dieses gesehen."

Da nahm Prinzessin Amaranth das Diadem aus ihren Haaren und legte es vor sich in den Staub.

„Prinzessin Amaranth", sagte Mantao, „mir scheint, die Perlen deines Gewandes sind Tränen, die geweint wurden. Prinzessin Amaranth, du redest nur von einer Stadt der bunten Lampen. Gibt es nicht auch eine Stadt der erloschenen Lampen in deinem Königreich?"

„Ich weiß es nicht", sagte Prinzessin Amaranth und erblasste, „aber wenn du die Stadt der erloschenen Lampen findest – siehe, sie soll dir gehören, wie die Stadt der bunten Lampen, und du magst sie so glücklich machen, dass sie wieder eine Stadt der bunten Lampen wird."

Mantao zauderte und überlegte.

„Nur um eines bitte ich dich", flüsterte Prinzessin Amaranth und ihre Lippen bebten, denn sie wusste, dass alles für sie von der Gewährung dieser Bitte abhing.

„Was ist es, worum du mich bittest, Prinzessin Amaranth?"

„Trenne dich von dem Affen. Siehe, es ist ein kleines hässliches Tier, und ich will nicht, dass die Gassenkinder meinem königlichen Gemahl nachlaufen, dass

ihn das Volk einen Gaukler nennt und ihn verachtet."
Mantao erblasste bis in die Lippen. Er sah den kleinen
Affen auf seinem Arm an und dann schaute er Prinzessin Amaranth lange und tief in die Augen.
„Mir scheint, in des Affen Augen ist Brahmas ewiges
Leben, das keine Verachtung kennt. Mir scheint, des
Affen Augen sind schöner als deine Augen, Prinzessin
Amaranth."
So wandte sich Mantao, der Königsgaukler, und verließ den Palast der Prinzessin Amaranth und die Stadt
der bunten Lampen. Und niemand wagte ihn zu
halten.

Prinzessin Amaranth aber raste vor Wut und Enttäuschung und sie bot ihr ganzes Heer auf gegen Mantao
und seinen Affen. „Bringt mir beide, den Gaukler
und seinen Affen, tot oder lebendig, dass ich meine
Schmach in seinem Blute abwaschen kann."

Da brachen Reiter und Fußvolk auf und eilten Mantao nach und sie erreichten ihn in einer öden Gegend,
die zwischen der Stadt der bunten Lampen und der
Stadt der erloschenen Lampen lag. Es war Nacht und
die Trompeten Amaranths riefen gellend zum Kampf
gegen den Gaukler und seinen Affen.
Da wandte sich Mantao, der Königsgaukler, und hielt
seinen Schild über dem kleinen Affen. Sein Schwert
aber erhob er zum ersten Mal hoch über sein Haupt

und aus dem Schwert sprangen furchtbare Flammen, denen keiner zu nahen wagte. Ein namenloses Grauen ergriff das ganze Heer und Reiter und Fußvolk jagten in wilder Flucht zurück zum Palast der Prinzessin Amaranth.

Mantao, der Königsgaukler, stand noch lange ruhig und unbeweglich da. Er hielt seinen Schild über dem kleinen Affen und die furchtbaren Flammen seines Schwertes lohten durch die dunkle Nacht.

Zur selben Stunde aber, als Mantao, der Königsgaukler, die Stadt der bunten Lampen verlassen hatte, erlosch die Lampe der Tänzerin Myramar.

Die Stadt der erloschenen Lampen

antao, der Königsgaukler, ging seinen Pfad weiter und je näher er der Stadt der erloschenen Lampen kam, um so mehr Menschen gingen mit ihm den gleichen Weg. Es waren stille traurige Menschen und in ihren Händen hielten sie erloschene Lampen.

„Wohin führt dieser Weg, den ihr alle so still und traurig geht?", fragte Mantao seine stummen Begleiter, aber niemand antwortete ihm.

Endlich gesellte sich ein kleines Mädchen zu ihm, das eine zerbrochene Puppe trug und leise weinte. Es deutete mit der Hand auf graue Tore und Mauern, die in dickem Nebel lagen, und sagte: „Das ist die Stadt der erloschenen Lampen."

Da wusste Mantao, der Königsgaukler, dass er den richtigen Weg ging, wohin die feinen Fäden seiner Lotosblume ihn zogen.

Als sie nun in der Stadt der erloschenen Lampen angekommen waren, suchte Mantao eine Herberge für sich und seinen Affen. Eine solche war leicht zu finden, denn es war viel Raum in der Stadt der erloschenen Lampen, verfallene Paläste und Tempel, morsche Häuser und Hütten und tiefe, leere Kellergewölbe, in denen einstmals reiche Schätze gelagert haben mochten.

Mantao brachte sich und den kleinen Affen in einer alten Tempelhalle unter, deren Säulen morsch und geneigt dastanden, als trügen sie eine schwere Schuld vergangener Tage, und in deren dunkler Nische ein Bildnis Brahmas stand. Es war ein schönes, vergoldetes Bildnis, aber das Gold war matt und verblichen und die Spinnen spannen ihre Netze um den Gott Indiens. Mantao störte die Spinnen nicht, denn Brahma selbst erlaubte es ihnen ja, ihre Silberfäden um das erloschene Gold seines Hauptes zu weben.

Keine Lampe brannte in der Stadt der erloschenen Lampen, still und traurig gingen die Menschen ihrer Arbeit nach und bedrückt suchten die Tiere ihre wenige Nahrung. Auch sie waren ja mit ihren menschlichen Brüdern verbunden mit feinen Fäden, denn es ist alles verkettet in der großen Kette der Dinge und alles miteinander versponnen im Teppich des Lebens. Mantao aber ging durch die erstorbenen Gassen und tröstete die stillen und traurigen Menschen und redete mit ihnen von ihren erloschenen Lampen und wie man sie einmal wieder zum Brennen bringen könne. Er redete auch mit den Tieren, er half ihnen, ihre Nahrung suchen, und erzählte ihnen von einem schönen Garten, in den sie einmal wiederkommen würden. Den Kindern aber fertigte er Spielzeug aus Scherben und kleinen Steinen und lehrte sie, damit zu bauen.

Seit der Zeit wurde weniger geweint in der Stadt der erloschenen Lampen. Der kleine Affe aber wanderte getreulich mit Mantao und redete auch in seiner Weise mit den Menschen und Tieren, eifrig und mit erläuternden Bewegungen seiner Arme, seiner Beine und seines Schwanzes. Da geschah es, dass zum ersten Mal wieder ein Kind lachte in der Stadt der erloschenen Lampen. Der Erhabene aber segnete Mantao, den Königsgaukler, um die verminderten Tränen und den kleinen Affen um ein wiedererwecktes Lachen. Denn es war beides eine göttliche Aufgabe.

Die Häscher der Prinzessin Amaranth aber durchzogen häufig die Straßen, quälten und peinigten die Menschen und drohten ihnen, dass sie ja nichts verlauten lassen sollten von ihrer Stadt und ihren erloschenen Lampen, dass ja keine Klagen und keine Tränen in die Stadt der bunten Lampen hinüberdrängen und zum Palast der Prinzessin Amaranth. Wenn sie aber jemand fanden, von dem sie glaubten, dass er die Stadt der erloschenen Lampen verraten und die Kunde von ihr hinaustragen könne, dann banden sie ihn und warfen ihn ins tiefste Verließ, aus dem keine Tränen und keine Klagen mehr den Weg finden konnten. Denn es war ein Geheimnis um die Stadt der erloschenen Lampen und niemand sollte darüber reden.

Eines Tages aber geschah es, dass die Häscher wieder jagten, und sie hatten eine junge Frau ergriffen, die mit ihrer erloschenen Lampe durch die Gassen irrte, und wollten sie fesseln vor der alten Tempelhalle, in der Mantao mit seinem Affen lebte. Mantao trat herzu und hielt seinen Schild über sie und die Häscher flohen.

Da schaute die Frau mit der erloschenen Lampe Mantao ins Gesicht und der Königsgaukler erkannte sie.
„Nun ist deine Lampe auch erloschen, Myramar, meine kleine Tänzerin", sagte er.
„Meine Lampe ist erloschen, als du aus der Stadt der bunten Lampen hinweggingst", sagte die Tänzerin und neigte sich vor ihm.
Der kleine Affe aber rieb sich die Hände und freute sich sehr, denn er hatte es nicht vergessen, dass er vom Tisch der Tänzerin gegessen und auf ihren seidenen Kissen geschlafen hatte.
„Sagte ich dir nicht, dass du weinen lernen würdest und dass deine Lampe erlöschen würde?", fragte Mantao. „Nun komm zu mir in meine Herberge, wie ich einmal zu dir in deine Herberge kam."
„Ich will dir dienen", sagte die Tänzerin Myramar und ihre Augen leuchteten.
„Mir kann keiner und keine dienen", sagte Mantao, „siehe, ich bin ein Schildträger Brahmas und ich darf keinem und keiner gehören. Diene nicht mir, aber

diene mit mir meiner Aufgabe in der Stadt der erloschenen Lampen."
Da reichte ihm die Tänzerin Myramar beide Hände. Mantao, der Königsgaukler aber küsste sie auf die Stirne und führte sie über die Schwelle seines verfallenen Tempels.

Seit jener Stunde kamen die Häscher der Prinzessin Amaranth nicht mehr in die Stadt der erloschenen Lampen.

Myramar, die Tänzerin, folgte von nun an Mantao, dem Königsgaukler auf allen seinen Wegen zu Menschen und Tieren und abends, wenn die Schatten der Dämmerung die Halle des verfallenen Tempels füllten, kauerte sie zu seinen Füßen und hielt den kleinen Affen auf ihrem Schoß. Sie redeten im Dunkel miteinander, denn es brannte kein Licht in der Stadt der erloschenen Lampen.
„Mantao, mein Liebster, Mantao, mein Königsgaukler", sagte die Tänzerin, „werden wir immer im Dunkeln miteinander reden? Werden die Lampen niemals wieder brennen in dieser Stadt der erloschenen Lampen?"
„Siehe, Myramar, meine kleine Tänzerin", sagte Mantao, „dies ist eine Frage, die du nicht mich, sondern deinen Gott fragen musst. Brahmas Bildnis steht vor dir. Frage es."

„Darf eine Tänzerin einen Gott fragen?", erwiderte Myramar.
„Es ist gleich, ob du eine Tänzerin oder eine Heilige bist, wenn du deinen Gott fragen willst", sagte Mantao. „Jeder darf ihn fragen, dessen Lampe erloschen ist. Ich aber will gehen und dich allein lassen in dieser Nacht, in der du deinen Gott fragen willst." Und Mantao, der Königsgaukler, nahm den kleinen Affen auf den Arm und ging von ihr und ließ sie allein.
Die Tänzerin aber kniete nieder vor Brahmas Bildnis und fragte ihren Gott. Stunde um Stunde verrann, doch es kam keine Antwort. Die Nacht wurde dunkler und immer dunkler und ihre grauenhafte Schwärze verschlang das verblichene Gold auf dem göttlichen Bild und die Tänzerin Myramar sah nichts als Finsternis um sich herum. Stunde um Stunde verrann in Nacht und Dunkel. Endlich aber fiel das Mondlicht in die verfallene Tempelhalle und enthüllte der Tänzerin ihren Gott.
Da schaute sie auf und sah, dass die Augen in Brahmas Bildnis zu leben begannen und dass seine Lippen lächelten.

Viele Jahre waren vergangen und Mantao war alt und müde geworden. Auch der kleine Affe spielte nicht mehr wie sonst, durch sein braunes Fell zog sich das Silber des Alters und seine Augen hatten einen matten Schein.

Da raschelte es in der Luft und vor ihnen stand der Kleine mit den Elefantenohren.

„Der Erhabene segne Mammamutra und seine Kinder und Kindeskinder", sagte der Kleine, „Mantao, mein Königsgaukler, du bist alt und müde geworden und der Affe neben dir sehnt sich nach dem Paradies der Affen in Brahmas Schoß. Siehe, ich klappte meine gewaltigen Elefantenohren auf und ich hörte, wie die Fäden deiner Lotosblume sich sanft und leise zurückspannen von dieser Erde. Der Teppich deines Lebens ist ausgewirkt, gehe nun heimwärts auf deinen heiligen Berg, von dem du gekommen bist."

Da atmete Mantao tief auf und dankte dem Kleinen mit den Elefantenohren für seine Botschaft.

„Ich will noch eine Nacht in der Stadt der erloschenen Lampen bleiben und Brahma für sie bitten", sagte Mantao, „morgen aber will ich mich aufmachen und meinen heiligen Berg suchen."

„Siehe, ich hörte mit meinen Elefantenohren", sagte der Kleine, „dass du durch eine Wüste hindurchschreiten musst, ehe du zu deinem heiligen Berge gelangst. Hässliche Dämonen hausen darin, höchst unangenehme und unerfreuliche Leute, und ich möchte nicht mit ihnen zu tun haben. Aber du bist ja stark, Mantao, mein Königsgaukler. Brahma sei mit dir und mit deinem Affen, wenn du die letzten Fäden am Teppich deines Lebens wirkst. Ich aber will mich in meine Elefantenohren hüllen und schlafen. Weich und warm

sind diese Ohren – der Erhabene segne Mammamutra und seine Kinder und Kindeskinder, seine entferntesten Verwandten und die kleinsten Säuglinge seiner ganzen Elefantensippe!"
Mit diesen Worten verschwand der Kleine mit den Elefantenohren raschelnd in der Luft.

Am anderen Morgen aber nahm Mantao, der Königsgaukler, Abschied von der Tänzerin Myramar.
„Siehe, ich muss Abschied von dir nehmen", sagte er, „und es ist ein Abschied für dieses Leben. Denn ich muss auf meinen heiligen Berg wandern und die letzten Fäden am Teppich meines Lebens wirken."
„Darf ich nicht mit dir gehen?", fragte die Tänzerin.
„Deine Zeit ist noch nicht gekommen", sagte Mantao, „siehe, du musst warten, bis deine Lampe wieder brennt, und musst den vielen anderen in dieser Stadt von der Flamme deiner Lampe geben. Mich aber und meinen kleinen Affen wirst du einmal wiedersehen im Königreich der Ferne. Der Erhabene segne dich, Myramar, meine kleine Tänzerin und meine große Heilige."
Das war das erste Mal, dass Mantao sie so genannt hatte, und er neigte sich zu ihr und küsste sie viele Male zum Abschied.
Dann nahm er Schild und Schwert, hob den Affen auf die Arme und verließ die Stadt der erloschenen Lampen.

Von einem hohen Hügel vor der Stadt hielt er noch einmal seinen Schild über sie. Dann wandte er sich und verließ Indien, das Land der wirren Wunder, so wie er es einstmals betreten hatte: mit einem Schild und einem Schwert, mit einer unsichtbaren Krone und mit einem kleinen Affen auf dem Arm – und ging in die Wüste.

Die Tänzerin aber lag auf den Knien vor Brahmas Bildnis in namenloser Sehnsucht und weinte jammervoll. Da lohte eine kleine, klare Flamme auf in der erloschenen Lampe der Tänzerin Myramar.

Das Königreich der Ferne

ls Mantao, der Königsgaukler, in die Wüste gekommen war, da heulte es grauenvoll in der Luft und drei scheußliche Dämonen tauchten vor ihm auf. Der erste hatte einen Riesenkopf ohne Gliedmaßen und glotzte mit hundert gierigen Augen nach allen Seiten. Der zweite hatte hundert Füße und hastete mit grässlicher Geschwindigkeit über den Sand, der dritte aber hatte hundert Hände, die in die leere Luft griffen.

„Folge mir", sagte der erste, „dann siehst du alles, was im Himmel und auf der Erde ist."

„Hundert äußere Augen sehen nicht das, was das innere Auge sieht", sagte Mantao.

„Gehe mit mir", sagte der zweite, „dann erreichst du alles, was deine Augen von ferne schauen."

„Alle Füße wandern nur dorthin, wohin die Fäden der Lotosblume sie ziehen", sagte Mantao.

„Gib mir die Hand", sagte der dritte, „dann hast du hundert Hände und kannst alles greifen, wonach du begehrst."

„Ich begehre nichts als eine unsichtbare Krone", sagte Mantao.

Da erkannten die Dämonen, dass es Mantao, der Königsgaukler, war und dass er die Geheimnisse des Lebens in sich trug. Und sie heulten vor Wut und vergruben sich in den Sand ihrer Wüste.

Nun war Mantao, der Königsgaukler allein in der grenzenlosen Wüste mit seinem kleinen Affen und er kannte die Grenzen dieser Wüste nicht. Er wusste nicht, welchen Weg er nun gehen solle, eine unnennbare Einsamkeit war um ihn und er senkte ergeben seine Waffen. Als er aber aufsah, um einen Weg zu suchen, erblickte er vor sich einen Engel – und zum ersten Mal auf dieser Erde schaute Mantao, der Königsgaukler, seinen Engel von Angesicht zu Angesicht.

„Ruhe dich aus, Mantao, mein Königsgaukler", sagte der Engel, „du bist müde von einer langen Wanderung. Morgen ist dein letzter Tag auf dieser Erde und du musst deinen heiligen Berg suchen."

„Wie werde ich den Weg finden?", fragte Mantao.

„Ich werde dich führen", sagte der Engel.

Da legte sich Mantao, der Königsgaukler, auf den Sand der Wüste und schlief ein. Sein Engel stand neben ihm und hielt die Wacht bei ihm und bei dem kleinen Affen.

Aber im Traumbild dieser letzten Erdennacht schaute Mantao, der Königsgaukler, nach langen Jahren wieder zum ersten Mal die Königin der Ferne.

Am anderen Tag führte der Engel Mantao und seinen Affen auf die Hochebene von Tibet und es war Abend geworden, als sie oben angelangt waren.

„Siehe, es ist Abend geworden, Mantao, mein Königsgaukler", sagte der Engel, „und du stehst wieder vor der Hütte deiner Kindheit. Sie ist zusammengesunken und verfallen im Wandel der Jahre, aber ich will gehen und sie dir oben über den Sternen wieder aufbauen." Damit schied der Engel von ihm.

Mantao aber neigte sich zur Erde Tibets und trank aus dem klaren Bergquell, aus dem er als Kind getrunken hatte, und der Affe mit ihm. Die Hütte seiner Kindheit war verfallen, aber der Quell seiner Kindheit rann so klar, so rein und unwandelbar wie einstmals von den Bergen Tibets.
Als Mantao sich satt getrunken hatte an der Quelle seiner Kindheit, da wandte er sich von dieser Erde und wanderte seinen heiligen Berg Lischanna hinauf, den gleichen Weg, auf dem er einmal dem alten Mann mit der sonderbaren spitzen Mütze das letzte Geleit gegeben hatte. Er stieg höher und immer höher, auf dem Gipfel des heiligen Berges aber lag Eis und ewiger Schnee und alles Land unter ihm war verhüllt im Nebel. Da fühlte Mantao, wie ihn seine Kräfte verließen, und der kleine Affe in seinem Arm fror und jammerte leise.
„Nun wollen wir zusammen sterben, mein kleiner Bruder", sagte Mantao, „wie wir zusammen gelebt haben und zusammen gewandert sind auf dieser Erde."

„Sterben ist ein Wort der Täler, ihr aber seid in den Bergen", sagte eine Stimme neben ihm.
Da raffte sich Mantao auf und hielt zum letzten Mal seinen Schild über dem kleinen Affen.
Aus Schnee und Eis aber blühte eine große Lotosblume auf und umfing mit ihren weichen Blütenblättern Mantao, den Königsgaukler, und seinen kleinen Affen. Schmerzlos und lautlos sanken ihre irdischen Körper in den Kelch der Blume und wandelten sich in ihre Wesenheit. In neuen leuchtenden Leibern schritten die beiden über den Sternenteppich der Nacht und ihre inneren Augen schauten hoch über allem, was lebt und atmet, die topasenen Tore und Türme der ewigen Stadt des Erhabenen.
Noch einmal blickte Mantao auf die verlassene Erde zurück. Da sah er tief unter sich die Stadt der erloschenen Lampen. Er hörte, wie die Menschen unten seinen Namen nannten und er sah kleine, klare Flammen aufleuchten in ihren erloschenen Lampen.
Am schönsten aber brannte die Lampe der Tänzerin Myramar und einer nach dem anderen entzündete seine erloschene Lampe an ihrer Lampe vor dem Bildnis Brahmas. Auch die Tiere hatten kleine Lichtlein in sich und es war, als trügen sie bläuliche Leuchtkäfer in Fell und Gefieder.
Da kniete Mantao, der Königsgaukler, nieder auf dem Sternenteppich der Nacht und betete den Erhabenen an.

Zwischen dem Sternenteppich der Nacht und der ewigen Stadt des Erhabenen aber tauchten leuchtende Ufer auf – das war das Königreich der Ferne. An seinem Eingang stand der Engel und baute Mantao die Hütte seiner Kindheit wieder auf und ein alter Mann mit einer sonderbaren spitzen Mütze half ihm dabei. Eine Menschenmutter, die einst auf der Erde eine Paria war und mit der niemand Erbarmen hatte als die Pest, wartete auf ihr Kind, und eine Affenmutter winkte von der höchsten Spitze einer Palme.

Die Königin der Ferne aber harrte in unsagbarer Schönheit ihres Königs in einem heiligen Hain von Lorbeer und Rosen.
„Mantao, mein Liebster, Mantao, mein Königsgaukler", sagte sie, „du hast meine weißen Glieder mit deinen Gedanken gebaut, du hast mein Gewand mit deinen Werken gewirkt und hast mein Diadem mit Edelsteinen geschmückt auf deiner einsamen Wanderung. Nun sind wir vereint auf eine lange Zeit, bis du wieder einmal auszieht, deinen Schild zu halten über allem, was atmet, und um wiederum zu mir zurückzukehren in Ewigkeit. Nun will ich dir deine unsichtbare Krone aufsetzen, die keiner auf Erden sah. Siehe, es ist meine Krone, die du geschmückt hast, denn ich bin du, Mantao, mein Liebster, mein Königsgaukler."

Da lehnte Mantao seinen Schild und sein Schwert an den Altar Brahmas zwischen Lorbeer und Rosen. Die Königin der Ferne aber küsste ihn und krönte ihn mit ihrer und seiner Krone. Die Tränen, die er gemindert, waren Diamanten darin, das Blut, über dem er seinen Schild gehalten, hing in roten Rubintropfen an seinem Diadem und in ihm funkelten die Lichter der erloschenen Lampen, die er wieder entzündet hatte. Den schönsten Edelstein aber in seiner Krone hatte ein kleiner Affe gespendet, der wieder in junger Kinderfreude zu seinen Füßen spielte.
Da erfasste Mantao, der Königsgaukler, was Seligkeit ist, und er barg das Haupt im Schoße seiner Königin der Ferne.

Seht ihr, das ist die Geschichte von Mantao, dem Königsgaukler. Es ist eine alte und feierliche Geschichte und es ist viele, viele tausend Jahre her, dass sie geschehen ist. Aber ihr müsst nicht denken, dass das eine lange Zeit ist. Ist es euch nicht, als wäre Mantao, der Königsgaukler, erst heute in einer Lotosblume geboren? Ist es nicht heute gewesen, dass er niederstieg von den Bergen Tibets in das Wunderland von Indien, in die Stadt der bunten Lampen und in die Stadt der erloschenen Lampen – dass er sein flammendes Schwert erhob gegen das Heer der Prinzessin Amaranth und seinen Schild hielt über der Tänzerin

Myramar und seinem kleinen Affen? Ist es nicht heute, dass ihm sein Engel die Hütte seiner Kindheit wieder erbaute über den Sternen und dass er sein Haupt barg im Schoß der Königin der Ferne? Denn noch heute und immer wieder sendet der Erhabene seine Schildträger aus, dass sie ihren Schild halten über allem, was atmet, und den gleichen einsamen Weg wandern wie Mantao, der Königsgaukler.

Ebenfalls im Nada Verlag erschienen

Karin Jundt
Karma Yoga – Auf dem sonnigen Weg durch das Leben
Paperback, 140 Seiten, ISBN 978-3-907091-03-6

Karin Jundt
Ich liebe mich selbst und mache mich glücklich
Paperback, 136 Seiten, ISBN 978-3-907091-04-3

Karin Jundt
Ich liebe mich selbst 2
Paperback, 156 Seiten, ISBN 978-3-907091-06-7

Sonnwandeln, Buchreihe für spirituelle Entwicklung und Selbstveränderung:

Karin Jundt
Der Sinn des Lebens und die Lebensschule (Band I)
Paperback, 220 Seiten, ISBN 978-3-907091-05-0

Karin Jundt
Alltägliches Handeln im spirituellen Geist (Band II)
Paperback, 256 Seiten, ISBN 978-3-907091-07-4

Karin Jundt
Über allem die Liebe (Band III)
(erscheint voraussichtlich im Frühjahr 2017)

Karin Jundt
Unsere innere Welt (Band IV)
(erscheint voraussichtlich im Herbst 2017)

Karin Jundt
Das spirituelle Leben (Band V)
(erscheint voraussichtlich 2018)